Otras obras del autor:

<u>**Novelas y Cuentos**</u>**:**

- ✓ **Sus Ángeles y Demonios**

- ✓ **Intenta el SÍ: el NO ya lo tienes**

- ✓ **Sin perdón, sin discusión**

- ✓ **Orion**

- ✓ **Nuevamente**

- ✓ **Inocencia**

- ✓ **Los Zapatos de Diamantes**

- ✓ **Cataluña ¡Sí señor!**

- ✓ **La Quinta Enmienda**

- ✓ **ENTREVISTA Pandemia e Inmigrante. Un Breve Testimonio.**

 # Amazon.com

SECRETARI@ / ASISTENTE

ORGANIZACIÓN, DESEMPEÑO Y CARACTERÍSTICAS

Curso Práctico

Libro 1

M. Rubio

SECRETARI@ O ASISTENTE

Los puestos clave de una empresa necesitan contar con personal calificado que les brinde el apoyo necesario para la organización y planificación de su actividad.

La gestión diaria de los proyectos en desarrollo y su ejecución pueden depender, para lograr los objetivos en tiempo y calidad, del apoyo que puedan recibir.

Es en esta organización y planificación que entra la figura del/de la Secretari@ o, si lo prefieres, del/de la Asistente.

Para el trabajo que presento, decidí, por preferencia personal, identificar el/la profesional como Secretari@.

¿Y EL CAFÉ?

Aquí un "paréntesis", en esta discusión que, en los últimos años, se ha generado en torno a la profesión.

Por puro prejuicio, escucho a muchas personas decir que no quieren que se les llame Secretari@, ya que no admiten incluir "servir café" en sus funciones.

Como si "servir café" fuera la única actividad del/de la Secretari@.

La profesión de Secretari@ es una de las más diversificadas.

En realidad, unifica una serie de actividades, un sinfín de responsabilidades.

Si prefieres no servir café en una reunión y tu empresa no tiene personal para hacerlo, prepara la "mesa del café" y deja todo a mano, para que los participantes se lo hagan ellos mismos.

Es posible que te sorprendas al descubrir que un ejecutivo no tiene problemas para servir su propio café y que recibas muchos elogios, después de todo, las reuniones sucederán sin interrupciones.

DIVERSIDAD

La diversidad es la "palabra mágica" que define esta profesión.

¿Qué tan diversificada puede ser?

Tanto cuanto la imaginación pueda alcanzar.

Hasta donde podemos encontrar diferentes empresas, con diferentes departamentos.

No importa si es una empresa familiar o una multinacional.

El(la) Secretari@ siempre será necesario(a).

DESEMPEÑO

La agilidad y el buen funcionamiento de la organización dependerán de tu capacidad para asumir responsabilidades y tu preparación, tu conocimiento.

Por esta razón, es muy importante que tengas la preparación específica para realizar tareas administrativas, organizar reuniones, recibir llamadas telefónicas, controlar agendas, organizar eventos, etc.

Prepárate con los conocimientos técnicos necesarios.

LA EMPRESA Y EL(LA) SECRETARI@

Es innegable la importancia del(de la) secretari@ en la organización, por la agilidad en los buenos resultados de cada empresa.

Tu has estudiado y adquirido los conocimientos técnicos para llevar a cabo todas las actividades que te conciernen.

Pero no se te olvide estudiar y aprender sobre las actividades de tu empresa.

No tienes que ser ingeniero(a) para trabajar con ellos.

Tampoco abogado(a) o mecánico(a), eres un(a) secretari@.

Sin embargo, es muy importante que estés interesado(a) en conocer y comprender tu empresa.

¿A qué se dedica?

¿Cuáles son los objetivos de la empresa para la que trabajas?

¿Quiénes son los clientes?

¿Quiénes los proveedores?

¿Cuál es la política de tu empresa?

Estas y muchas otras informaciones, actualmente, se pueden encontrar en cuestión de minutos, a través de Internet.

No es necesario que ya trabajes con ellos.

Son comprobaciones que ya debes hacer cuando solicites esa vacante.

En la primera fase de las entrevistas, en general, no sabrás cual es la empresa, tu contacto será con el seleccionador externo.

En esta fase, contarán tus conocimientos técnicos, las empresas para las que ya has trabajado, los motivos que te llevaron a cambiar de trabajo o de profesión.

En la siguiente fase, ya sabrás qué compañía está solicitando el(la) profesional, y es entonces cuando no puedes permanecer en completa ignorancia.

Todos los datos oficiales de esa compañía están disponibles en Internet.

Estudia a qué se dedican, su situación financiera, ya sea una empresa familiar o no.

Si es una multinacional, verifica en qué países está representada.

Toda esta información te ayudará en el resultado de la entrevista, ya que, por supuesto, están buscando a alguien que pueda corresponder a sus necesidades.

Pero no te olvides, cuando ya estés allí, continuar asimilando la información.

Observa.

Estudia la política de la empresa para la que estás trabajando.

Esta será la política que deberás cumplir.

Estudia la correspondencia, los informes, reuniones periódicas.

Estudia el comportamiento de tus compañeros de trabajo.

Puedes aprender mucho de ellos.

Observa a las personas con las que trabajas directamente.

Solo después de conocer muy bien las

necesidades de esas personas y de la compañía, podrás saber cómo poner en práctica algunos cambios necesarios, que la compañía espera que realices.

Por eso te contrataron.

Por eso buscaron a una persona con los conocimientos técnicos organizativos necesarios.

¡Pero ten cuidado!

Siempre respeta el hecho de que cada persona para o con quien trabajas tiene el conocimiento técnico inherente a su propia ocupación.

Un(a) Secretari@ nunca debe competir con otras funciones, por "creer" que puede superarlos en conocimientos.

Y nunca, nunca, nunca debes competir con tu dirección.

Respetar para ser respetad@.

SECRETARI@ COMPARTID@

Con la situación actual de las empresas, es cada vez más común que se comparta el trabajo del(de la) secretari@.

Por lo tanto, en un departamento comercial, tendremos un(a) secretari@ al servicio del Gerente

Comercial y de todo su equipo.

Vemos, muy a menudo, el(la) mism@ secretari@ que asiste al Director Comercial, al Director Financiero y al Director de Marketing.

Esto, si el Director General no está incluido.

¿Y cómo puede ser esto posible?

¿No es excesivo?

No.

Hablamos del mundo moderno, en el que todas las empresas, incluidas las "pequeñas", ya tienen sistemas computarizados.

Prácticamente todos y cada uno de los empleados tienen su propio terminal de computadora, ya sea conectado a una red, o simplemente un "notebook".

Entonces, aquí es donde está el "truco".

Tod@ secretári@ debe saber muy bien cómo utilizar las facilidades que la tecnología de la información pone a su disposición.

Una carta puede corregirse en cuestión de minutos, al igual que un informe.

Los gráficos se pueden preparar y corregir rápidamente, con la herramienta adecuada.

Las presentaciones pueden estar listas en dos

horas, simplemente trabajando las diapositivas, para reflejar todos los datos, los resultados y causar el impacto necesario.

Todo esto, porque tienes los conocimientos técnicos necesarios para utilizar las herramientas informáticas.

<u>**Atención:**</u>

No tienes que ser programador@ o analista de sistemas.

Más bien, un@ usuari@ con los conocimientos técnicos necesarios.

Sin embargo, recuerda que si tu trabajo es compartido por más de una dirección, por más de un departamento, será muy importante, para que no generes "una guerra" dentro de la Compañía, que seas total y absolutamente **discret@**.

Los asuntos de una dirección no pueden ser compartidos con otra, por ti.

Para ello, realizan reuniones en las que discuten datos, políticas, objetivos.

No es tu trabajo compartir información que llega prematuramente a tus manos.

La discreción es la cualidad más buscada en el(la) secretari@, y en este caso, es fundamental.

Es prácticamente necesario que seas una persona cuando manejando información de una dirección y otra con otra.

Puedes estar segura de que esto es exactamente lo que se espera de ti.

@ SECRETARI@ Y LAS CARACTERÍSTICAS QUE LLEVAN AL ÉXITO

Además del conocimiento técnico y la discreción, es importante resaltar algunas características necesarias para tu profesión.

<u>Buena apariencia:</u>

No es necesario vestirse con ropas de "diseñador", gastar todo tu sueldo en ropa.

Pero elige qué ropa ponerte, zapatos y accesorios, todos los días.

Mírate en el espejo antes de salir de casa y sé honest@ contigo mism@ cuando critiques el resultado.

<u>Simpatía:</u>

La amabilidad y el buen humor también se pueden aprender.

No confundas "buen humor" con "payasadas" en tu entorno de trabajo.

La amabilidad abrirá el camino para que el entorno se vuelva mucho más ligero y agradable.

<u>Organización:</u>

Cada día tienes que lidiar con agendas, llamadas, documentación, reuniones y mucha información que requiere una gran capacidad organizativa.

Una técnica importante para organizarse diariamente, es:

1) Cuando llegues a la Compañía, todos los días, haz una revisión de la(s) agenda(s), verifica que todo el material necesario para las reuniones esté preparado, si las salas están disponibles, haz una verificación general para confirmar que todo esté en el lugar correcto, que la impresora tenga papel, etc.

2)	Revisa la correspondencia recibida, incluidos los correos electrónicos, aún que no los respondas en ese momento.

Es importante que sepas si, por ejemplo, la presencia del cliente ha sido cancelada debido a la demora en la llegada del vuelo.

3) Ten un cuaderno a mano, para anotar cada día la fecha, las actividades más importantes, las llamadas que debes hacer, en resumen, para programarte.

Apunta también las llamadas entrantes y el motivo de esas llamadas.

De esa forma, tendrás un historial para consultar, si necesario.

No confíes solo en tu memoria.

Hay mucha información diferente cada día, un historial ayudará.

<u>Paciencia y habilidad con los conflictos:</u>

A menudo digo que el(la) secretari@ es quién "está al frente de la batalla", por lo que es casi seguro que sea "el(la) primer@" en sufrir los impactos.

Las dificultades causadas por demoras en la atención, las frustraciones debidas a deficiencias en la rutina, el descontento del cliente, son experiencias que pueden convertirse en un tormento enorme.

La paciencia y la capacidad de manejar conflictos es esencial para que la situación no empeore y para controlar cualquier confusión instalada.

Y recuerda:

1) El "yo soy así" no sirve. Puedes cambiar, reeducarte y lograr la paciencia necesaria para lidiar con todas estas situaciones.

2) Los clientes no son solo externos.

Al ser el vínculo entre tu dirección y todos los demás en la empresa, el "elemento catalizador", tus colegas, en otros departamentos, o incluso en tu departamento, deben ser considerados y respetados como clientes.

También dependen de tu buena gestión.

<u>Flexibilidad:</u>

A pesar de trabajar con horarios fijos, reuniones periódicas, actividades repetitivas, la flexibilidad es una característica importante.

Una reunión puede extenderse más allá del tiempo programado, por muchas razones.

O puede ser necesario comenzar más temprano "ese" día en que la compañía se está preparando para recibir al cliente, lo que puede significar un contrato, el "oxígeno" financiero de todo un año, con los informes y presentaciones que son fundamentales para el éxito deseado.

Comprende, entonces, que algunos días la jornada laboral puede comenzar más tarde y terminar más tarde, así como comenzar más pronto y terminar más pronto.

Es importante comprender que tu flexibilidad es esencial para que todo funcione sin problemas, ya que eres una pieza clave en el éxito del entorno.

Pro actividad:

Secretari@s proactiv@s, además de ser menos dependientes de la aprobación de sus jefes para realizar funciones esenciales, ayudan a mejorar significativamente el flujo de operaciones rutinarias, ya que buscan resolver problemas de forma independiente, para que el profesional pueda trabajar con tranquilidad.

Pero recuerda que tus decisiones siempre deben estar en línea con la política de trabajo de tu jefe.

<u>Buen relacionamiento:</u>

Ser capaz de mantener una buena relación con tu jefe, con otros compañeros de trabajo, con clientes y proveedores es esencial para que el entorno funcione sin ningún problema.

Estas son las principales características para tu éxito en esta profesión, pero aún podríamos mencionar algunas otras, muy importantes para mantener la tranquilidad que tanto necesita la empresa.

Sin embargo, e intencionalmente dejado para el final de nuestra conversación, creo que hay dos características que siempre deben estar presentes:

BONDAD Y EMPATÍA

Practica la bondad y la empatía en todas las áreas de tu trabajo, especialmente al analizar la actividad de tus colegas.

EL(LA) SECRETARI@ Y LOS CONOCIMIENTOS TÉCNICOS ESENCIALES

Aunque debes tratar de prepararte para las necesidades específicas de la empresa para la que trabajas, hay algunos conocimientos técnicos que son esenciales para la profesión.

Aquí los enumeramos y los trataremos con más detalle en los otros libros del curso:

- ✓ Informática
- ✓ Atención telefónica
- ✓ Control de agendas
- ✓ Archivo
- ✓ Tareas administrativas
- ✓ Organización de reuniones
- ✓ Organización de viajes
- ✓ Organización de eventos
- ✓ Conocimiento de idiomas

Tú has decidido prepararte

para la profesión que, por

cualquier razón, has elegido.

¡Enhorabuena!

No importan las razones
que llevaron a esta elección.

Para tener el éxito deseado,

esta preparación es esencial..

Lee, aprende, observa y

actualízate siempre.

El mundo evoluciona y todos los profesionales deben acompañar esta evolución, también tú.

M. Rubio